ECCE HOMO

ALPHABET

DE LA VIE

DE N. S. JESUS CHRIST

Orné

de 27 Vignettes

La très Sainte Famille.

PARIS

D. BELIN, LIBRAIRE

Quai des Grands Augustins

n. 11

cquart.

(1202)

PARIS. — IMPRIMERIE DE COSSON,
RUE SAINT-GERMAIN-DES-PRÉS, N° 9.

a	A
b	B
c	C

d	D
e	E
f	F

g	G
h	H
i	I

j	J
k	K
l	L

m	M
n	N
o	O

p	P
q	Q
r	R

s	S
t	T
u	u U

1.

v	V
x	X
y	Y

z	Z
æ	Æ
œ	Œ

a   b   c   d

e   f   g   h

i   j   k   l

m   n   o   p

q   r   s   t

u   v   x   y   z.

Les lettres doubles.

æ	œ	fi	ffi
fi	ffi	fl	ffl
ff	fb	fl	ff
ct	ft	w	&

æ	œ	fi	ffi
fi	ffi	fl	ffl
ff	fb	fl	ff
ct	ft	w	&

Voyelles.

a e i _{ou} y o u

Syllabes.

ba be bi bo bu
ca ce ci co cu
da de di do du
fa fe fi fo fu
ga ge gi go gu
ha he hi ho hu
ja je ji jo ju
ka ke ki ko ku

la	le	li	lo	lu
ma	me	mi	mo	mu
na	ne	ni	no	nu
pa	pe	pi	po	pu
qua	que	qui	quo	qu
ra	re	ri	ro	ru
sa	se	si	so	su
ta	te	ti	to	tu
va	ve	vi	vo	vu
xa	xe	xi	xo	xu
za	ze	zi	zo	zu

Lettres accentuées.

é (aigu).
à è ù (graves).
â ê î ô û (circonflexes).
ë ï ü (tréma).

Signes de la ponctuation.

La virgule (,).
Le point et la virgule (;).
Les deux points (:).
Le point (.).
Le point d'interrogation (?).
Le point d'exclamation et d'admira-
    tion (!).
Le c cédille (ç).
Les parenthèses ( ).
Les guillemets (» »).
Le trait-d'union (-).
L'apostrophe (').

Mots qui n'ont qu'un son,
ou qu'une syllabe.

Pain	Vin
Chat	Rat
Four	Blé
Mort	Corps
Trop	Moins
Art	Eau
Marc	Veau
Champ	Pré
Vent	Dent
Vert	Rond

*Mots à deux sons, ou deux
syllabes à épeler.*

Pa-pa   Cou-teau
Ma-man Cor-don
Bal-lon Cor-beau
Bal-le Cha-meau
Bou-le Tau-reau
Chai-se   Oi-seau
Poi-re   Tonneau
Pom-me   Mou-ton
Cou-sin   Ver-tu
Gâ-teau   Vi-ce

Mots à trois sons, ou trois
syllabes à épeler.

Or-phe-lin
Scor-pi-on
Ou-vra-ge
Com-pli-ment
Nou-veau-té
Cou-tu-me
Mou-ve-ment
His-toi-re
Li-ber-té
Li-ma-çon

A-pô-tre

Vo-lail-le

Ci-trouil-le

Mé-moi-re

Car-na-ge

Ins-tru-ment

Su-a-ve

Fram-boi-se

Gui-mau-ve

U-sa-ge

Cha-ri-té

Cons-tan-ce

Mots à quatre sons, ou quatre syllabes à épeler.

É-ga-le-ment
Phi-lo-so-phe
Pa-ti-en-ce
O-pi-ni-on
Con-clu-si-on
Zo-di-a-que
E-pi-lep-sie
Co-quil-la-ge
Di-a-lo-gue
Eu-cha-ris-tie
Re-li-gi-on
Pro-ces-si-on
Ba-si-li-que
Ac-ti-vi-té
Con-fes-si-on
Hé-mor-rha-gie

Thé-o-lo-gie
Ac-cé-lé-rer
Pré-dé-ces-seur
Ac-ces-si-ble

Mots à cinq sons, ou cinq
syllabes à épeler.

Na-tu-relle-ment
Em-bel-lis-se-ment
In-can-des-cen-ce
Ad-mi-ra-ble-ment
Cou-ra-geu-se-ment
In-ex-o-ra-ble
A-ca-ri-â-tre
In-do-ci-li-té
Ir-ré-sis-ti-ble
Cu-ri-o-si-té
Cor-di-a-li-té
In-con-vé-ni-ent

Phrases à épeler, divisées par syllabes.

J'ai-me mon pa-pa.

Je ché-ris ma-man.

Mon frè-re est o-bé-is-sant.

Ma sœur est bien ai-ma-ble.

Mon cou-sin m'a don-né un pe-tit se-rin.

Grand pa-pa doit ap-por-ter un pe-tit chi-en.

Gran-de ma-man me don-ne-ra pour é-tren-nes un che-val de car-ton.

J'i-rai de-main me pro-
me-ner sur les bou-le-varts,
a-vec mes ca-ma-rades.

Thé-o-do-re a un beau
cerf-vo-lant, a-vec le-quel
je m'a-mu-se-rai bien.

La mai-son de ma tan-te
à Vau-gi-rard est très-jo-lie.
Il y a dans la cour un beau
jeu de quil-les.

Mon on-cle Tho-mas a a-
che-té un pe-tit é-cu-reuil
que je vou-drais bien a-voir
pour me di-ver-tir.

Di-man-che je n'i-rai pas
à l'é-co-le; mon cou-sin Au-

gus-te vien-dra me cher-cher
pour al-ler à la pro-me-
na-de.

Phrases à épeler.

Il n'y a qu'un seul Dieu
qui gou-ver-ne le ci-el et la
ter-re.

Ce Dieu ré-com-pen-se
les bons et pu-nit les mé-
chans.

Les enfans qui ne sont
pas o-bé-is-sans ne sont pas
ai-més de Dieu, ni de leurs
pa-pas et ma-mans.

Il faut fai-re l'au-mô-ne

aux pau-vres, car on doit a-
voir pi-tié de son sem-bla-
ble.

Un en-fant ba-bil-lard et
rap-por-teur est tou-jours
re-bu-té par tous ses ca-
ma-ra-des.

On ai-me les en-fans do-
ci-les; on leur don-ne des
bon-bons.

A-vec de la bon-ne vo-
lon-té et de l'ap-pli-ca-ti-on,
les en-fans ap-pren-nent vi-
te et re-tien-nent ce qu'ils
ont ap-pris.

Ascension

Baptême de Jésus Christ

Cène

Disciples d'Emmaüs

Epiphanie

Flagellation

A.

ASCENSION DE JÉSUS-CHRIST.

NOTRE SEIGNEUR JÉSUS-CHRIST étant res-
suscité, il se fit voir à quelques-uns de ses
disciples et à quelques femmes, puis il
se montra pour la dernière fois à ses onze
Apôtres dans Jérusalem, où il leur ordonna de demeurer jusqu'à ce qu'ils eussent reçu le Saint-Esprit. Vous recevrez,
leur dit-il, la vertu du Saint-Esprit, qui
descendra sur vous, et vous me rendrez
témoignage dans Jérusalem, dans toute
la Judée et dans Samarie, et jusqu'aux
extrémités de la terre.

Ce sont là, selon saint Luc, les der-
nières paroles de Jésus-Christ sur la terre.
Il leva ensuite les mains pour bénir ses
disciples, et les bénissant, il se sépara

d'eux, et ils le virent monter vers le ciel, jusqu'à ce qu'une nuée , dans laquelle il entra, le dérobât à leurs yeux. Ils le regardaient avec attention , et comme ils l'eurent perdu de vue, deux hommes vêtus de blanc se présentèrent tout d'un coup à eux, et leur dirent : Hommes de Galilée, pourquoi vous arrêtez-vous à regarder le ciel? Ce Jésus qui, en vous quittant, s'est élevé dans le ciel, viendra de la même sorte que vous l'y avez vu monter. Les Apôtres adorèrent celui qui venait de quitter la terre pour être assis dans le ciel à la droite de Dieu.

B.

BAPTÊME DE NOTRE SEIGNEUR JÉSUS-CHRIST.

LE Sauveur, afin de sanctifier le baptème , voulut recevoir ce sacrement de la main de saint Jean, son précurseur. Ce saint parut donc sur les bords du Jourdain, où il prêcha la pénitence et baptisa tous ceux qui venaient à lui. De là lui vint le nom de Baptiste. Jésus-Christ y alla aussi comme les autres, et se cacha parmi la foule. Saint Jean, frappé d'un profond respect, ne put presque se résoudre à verser de l'eau sur le Sauveur pour le baptiser, et il dit à Jésus-Christ que c'était au contraire lui qui devait le baptiser. Mais Jésus lui répondit qu'il fallait qu'il s'humiliât jusque là, et qu'en l'état où il était, il devait accomplir tous les devoirs de la justice. Aussitôt qu'il fut baptisé le ciel s'ouvrit, et Dieu fit descendre le Saint-Esprit sur Jésus-Christ d'une manière visible et en forme d'une colombe, qui se reposa sur sa tête. En même temps on entendit une voix du ciel qui rendit ce témoignage : *Voilà mon fils bien aimé, voilà celui que vous devez écouter.* Jésus se retira aussitôt pour se ca-

cher, et saint Jean rendit témoignage de
la divinité de Jésus-Christ, en disant :
*Voilà l'agneau de Dieu qui ôte les péchés
du monde.*

C.

LA SAINTE CÈNE.

LES ennemis de Jésus-Christ avaient
résolu de le faire mourir. La veille du
jour où il était écrit qu'il leur serait livré,
le Sauveur alla dans une grande salle
qu'il avait marquée à ses Apôtres pour y
faire la cène ensemble, c'est-à-dire sou-
per avec ses disciples. Après qu'il eut
mangé l'agneau avec eux, selon l'ordre
de la loi, il donna un exemple admirable
d'humilité, en prenant de l'eau dans un
bassin pour leur laver les pieds. Il les es-
suya d'un linge dont il était ceint, et leur
dit ensuite : *Je vous ai donné l'exemple*

·afin que vous fassiez tous les uns aux autres ce que je vous ai fait moi-même. Il reprit ensuite ses habits, et s'étant remis à table, il prit du pain, le bénit, le rompit et le distribua à ses disciples, en leur disant : *Prenez et mangez, ceci est mon corps qui sera livré pour vous.* Puis il prit du vin dans la coupe, le bénit et le leur donna, disant : *Buvez-en tous, ceci est mon sang, le sang de la nouvelle alliance qui sera répandu pour vous : faites ceci en mémoire de moi.* Telle est l'institution divine du saint sacrement de l'Eucharistie, que Dieu a établi pour la consolation et le salut des fidèles.

D.

DISCIPLES D'EMMAUS.

Trois jours après la mort de N.-S. Jésus-Christ, deux disciples allaient à un bourg

nommé Emmaüs, éloigné d'environ deux
lieues et demie de Jérusalem, et s'entre-
tenaient en chemin de tout ce qui s'était
passé, lorsque Jésus vint les rejoindre et
se mit à marcher avec eux sans qu'ils le
reconnussent. Il leur demanda de quoi
ils parlaient, quel était le sujet de leur
tristesse ; l'un d'eux, nommé Cléophas,
lui raconta alors ce qui s'était passé au
sujet de Jésus-Christ, qui avait été cru-
cifié, mis dans le tombeau, et dont les
saintes femmes n'avaient plus retrouvé
le corps.

Lorsqu'ils furent proches du bourg,
Jésus continua de marcher, comme s'il
eût voulu aller plus loin ; mais ces deux
disciples le forcèrent de s'arrêter. Il entra
donc, et s'étant mis à table avec eux, il
prit le pain, le bénit, et l'ayant rompu,
il le leur présenta. Au même instant leurs
yeux furent ouverts pour voir ce qu'ils ne
voyaient pas auparavant, c'est-à-dire pour
reconnaître Jésus, qui disparut aussitôt

de devant eux. Ils se dirent l'un à l'autre:
N'est-il pas vrai que nous avions le cœur
tout brûlant lorsqu'il nous parlait durant
le chemin , et qu'il nous expliquait les
écritures ? Ils se levèrent à l'heure même,
et retournèrent à Jérusalem , où ils trouvèrent les Apôtres et les autres disciples
assemblés.

E.

ÉPIPHANIE.

La sainte Vierge et saint Joseph étaient
encore à Bethléem , lorsqu'on vit entrer
dans Jérusalem des Mages, c'est-à-dire
des philosophes, venant de l'Orient , et
demandant où était le roi des Juifs nouvellement né , disant qu'ils avaient vu
son étoile en Orient , et qu'ils étaient
venus l'adorer. Cette demande surprit
ceux de Jérusalem , et troubla Hérode qui

2.

régnait dans la Judée. Il assembla les grands sacrificateurs et les plus doctes d'entre les Juifs, pour s'informer d'eux où devait naître le Messie qu'ils attendaient; car il conçut bien que c'était lui que les Mages cherchaient sous le nom de roi des Juifs. Ils lui répondirent que c'était à Bethléem, selon les paroles du prophète Michée. Alors Hérode fit venir secrètement les Mages, et les envoyant à Bethléem, il leur dit: Allez, et informez-vous avec soin de l'enfant que vous cherchez, et quand vous l'aurez trouvé, faites-le-moi savoir, afin que j'aille aussi l'adorer. A peine s'étaient-ils mis en chemin pour aller à Bethléem, qu'ils aperçurent l'étoile qui leur était apparue en Orient; elle marcha devant eux pour les conduire, et s'arrêta sur le lieu où était Jésus-Christ. Ils entrèrent dans la maison, où ils trouvèrent l'enfant avec la sainte Vierge sa mère; et se prosternant devant lui, ils l'adorèrent et lui offrirent pour présens de

la myrrhe et de l'encens. Après lui avoir
rendu leurs hommages, ils s'en retournèrent en leurs pays, mais sans repasser par
Jérusalem, parce qu'ils furent avertis en
songe de n'aller point retrouver Hérode.

F.

FLAGELLATION.

HÉRODE ayant renvoyé Jésus-Christ à
Pilate, celui-ci sortit pour la troisième
fois de son tribunal, pour dire aux Juifs
qu'il ne trouvait pas Jésus coupable ; mais
les Juifs avaient résolu de perdre le Sauveur, et ils témoignèrent par leurs cris
qu'ils n'approuvaient pas ce que Pilate
leur disait ; alors ce gouverneur, pour les
attendrir sur le sort de Jésus, et lui sau-
ver la vie, ordonna qu'il fût fouetté ; mais
les soldats ajoutèrent aux fouets des in-

sultes, car ils amenèrent Jésus dans la
cour du prétoire, et ils lui ôtèrent ses habits, le revêtirent d'un manteau d'écarlate,
et firent une couronne d'épines entrela-
cées, qu'ils mirent sur sa tête, avec un
roseau à la main droite. Après quoi,
pour se moquer de lui, ils le saluèrent et
l'adorèrent à genoux, lui disant : Salut
au roi des Juifs ; et en même temps ils lui
donnaient des soufflets, lui frappaient la
tête avec une canne, et lui crachaient au
visage. Pilate crut que les Juifs ne pourraient le voir dans cet état sans com-
passion, et il résolut de le leur montrer.
Il sortit donc encore une fois de son pa-
lais, et alla leur dire qu'il le leur amenait,
afin qu'ils sussent qu'il ne trouvait en lui
aucun crime. Jésus parut aussitôt cou-
ronné d'épines, et couvert d'un manteau
d'écarlate, et Pilate dit aux Juifs : Voici
l'homme. Mais l'ayant vu, ils se mirent
à crier de nouveau : Crucifiez-le, crucifiez-le.

Guérison du Paralytique

Hérode

Innocens

Jesus Christ

Kyrie Eleyson

Lazare Resuscité

G.

GUÉRISON DU PARALYTIQUE.

JÉSUS-CHRIST étant entré dans la ville de Capharnaum ; il fut prié par des sénateurs juifs, d'aller dans la maison d'un centenier ou capitaine de cent hommes, pour guérir un serviteur qu'il aimait beaucoup, et qui était malade d'une paralysie, dont il était réduit à l'extrémité. Jésus s'en alla avec eux ; et comme ils étaient proche de la maison, le centenier envoya d'autres personnes au devant de lui pour le prier de ne point se donner tant de peine, et pour lui dire de sa part : *Seigneur, je ne suis pas digne que vous entriez dans ma maison, mais dites seulement une parole, et mon serviteur sera guéri.* Jésus admira la foi de cet homme, et lui accorda la guérison du malade, qui se porta mieux dès l'heure même , et ceux que le centenier avait envoyés , s'en étant retournés chez lui , trouvèrent son serviteur en parfaite santé.

Jésus-Christ guérit encore un autre paralytique à Capharnaum. Ceux qui le portaient ne sachant pas où le faire entrer à cause de la foule du peuple qui était dans la maison où se trouvait le Sauveur , s'avisèrent de découvrir le toit, et y ayant fait une ouverture , ils descendirent par là le lit où était le malade , qu'ils placèrent devant le fils de Dieu. Jésus voyant leur foi , dit au paralytique : *Mon fils , ayez confiance , vos péchés vous sont remis.* Ensuite il lui dit : *Levez-vous , emportez votre lit , et allez-vous-en en votre maison.* Le malade se leva au même instant devant tout le monde , emporta le lit où il étoit couché , et s'en alla chez lui rendant gloire à Dieu.

H.

HÉRODE.

Jésus-Christ, d'abord conduit chez Anne et Caïphe, fut ensuite mené chez Pilate qui l'interrogea, et ne le trouva pas coupable, nonobstant les faux témoins qu'ils produisirent, et dont il reconnut facilement l'artifice. Cependant les ennemis de Jésus-Christ, insistant de plus en plus, l'accusèrent d'avoir soulevé le peuple par sa doctrine, qu'il avait répandue dans toute la Judée, en commençant par la Galilée. Pilate entendant parler de la Galilée, demanda s'il était de cette province, et ayant appris qu'il en était, et par conséquent de la juridiction d'Hérode, il le renvoya à ce prince, qui était alors à Jérusalem; Hérode en fut ravi, parce qu'il avoit entendu dire de grandes choses de Jésus,

et que depuis long-temps il désirait le voir;
il espérait même lui voir faire quelques
miracles. Il lui fit donc plusieurs deman-
des, auxquelles Jésus ne répondit rien,
non plus qu'aux accusations des prêtres
et des docteurs qui étaient là, et qui l'ac-
cusaient avec grande chaleur. Hérode ne
voyant rien de ce qu'il avait attendu,
méprisa Jésus, et le traitant avec moque-
rie, le fit revêtir d'une robe blanche, et
le renvoya à Pilate.

I.

LES SAINTS INNOCENS.

HÉRODE, roi des Juifs, voulant perdre
le Sauveur Jésus, nouvellement né, et ne
l'ayant pu par surprise, comme il le sou-
haitait d'abord, eut recours à la force; et
comme il ne savait pas précisément quel
âge devait avoir cet enfant, il fit mourir

tous ceux qui étaient âgés de deux ans,
aux environs de Bethléem , afin d'enve-
lopper dans ce carnage celui dont il était
devenu jaloux. Sa malice fut confondue,
car un Ange avertit Joseph en songe de
prendre l'enfant , de fuir en Egypte , et
d'y demeurer. Ainsi , Hérode ne tua point
celui qu'il voulait perdre , et procura un
bonheur éternel à tous ceux qu'il fit mourir. Ils moururent au lieu de Jésus-Christ
et pour Jésus-Christ. Mais Hérode périt
un an après , dévoré par une quantité innombrable de vers.

J.

JÉSUS-CHRIST.

PILATE ayant inutilement essayé d'a-
doucir les Juifs en faveur de Jésus-Christ,
le livra à ses soldats. Ils prirent Jésus,
lui ôtèrent le manteau d'écarlate , et lui

ayant remis ses habits, ils le chargèrent de la croix sur laquelle il devait être attaché ; et lorsqu'ils furent sortis de Jérusalem, ils la mirent sur les épaules d'un homme de Cyrène, nommé Simon, qu'ils rencontrèrent en chemin. Lorsqu'ils furent arrivés au Calvaire, on présenta à Jésus du vin avec de la myrrhe et du fiel ; mais en ayant goûté, il ne voulut pas en boire. Dès que Jésus fut sur la croix, il pria pour ses persécuteurs, et il dit à Dieu : Mon père, pardonnez-leur, car ils ne savent ce qu'ils font. Il n'était encore que midi lorsque Jésus fut attaché à la croix, et un peu après midi le soleil commença à s'obscurcir, et l'air fut tout couvert de ténèbres jusqu'à trois heures. Vers les trois heures, Jésus jeta un grand cri, en disant : Mon Dieu, mon Dieu, pourquoi m'avez-vous abandonné?

Jésus avait fait et enduré tout ce qui avait été prédit de lui dans l'Écriture ; il ne lui restait plus à accomplir que la dernière prophétie ; c'est pourquoi il demanda à boire. Aussitôt un des soldats courut prendre une éponge , la trempa dans un vase plein de vinaigre , et l'ayant mise au bout d'un bâton il la lui présenta.

Jésus ayant pris le vinaigre , dit : Tout est accompli. Puis jetant un grand cri, il prononça ces mots : Mon père , je remets mon âme entre vos mains; puis il baissa la tête et rendit l'esprit.

K.

Kyrie eleïson.

Le Kyrie eleïson est une prière qui se dit dans le saint sacrifice de la Messe, après l'introït. Kyrie eleïson sont deux mots grecs qui signifient : *Seigneur, ayez pitié de nous.* On adresse trois fois cette prière à chacune des personnes de la très-sainte Trinité.

L.

LAZARE RESSUSCITÉ.

PENDANT que Jésus instruisait ses disciples au-delà du Jourdain, Marthe et Marie lui firent savoir la maladie de leur frère Lazare. Il demeura encore deux jours au même lieu, au bout desquels il retourna à Béthanie où demeurait Lazare ; mais lorsqu'il y arriva, il y avait quatre jours que Lazare avait été mis dans le tombeau. Marthe ayant appris que Jésus venait, alla au devant de lui, et lui dit : Seigneur, si vous eussiez été ici, mon frère ne serait pas mort ; mais je sais que Dieu vous accordera tout ce que vous lui demanderez. Jésus lui répondit : Votre frère ressuscitera. Je sais bien, répliqua-t-elle, qu'il ressuscitera au dernier jour. Il lui repartit : je suis la résurrection et la vie ; celui qui croit en moi, quand il serait mort, vivra ; et quiconque vit et croit en moi, ne mourra jamais. Croyez-vous cela? Elle lui répondit : Oui, Seigneur, je crois que vous êtes le Christ et le Fils du Dieu vivant, qui êtes venu au monde. Marie vint trouver Jésus, se jeta à ses pieds, et les arrosa de ses larmes. Le Fils de Dieu en fut touché, et demanda où on avait mis le mort, et il y alla en pleurant. On lui ôta la pierre du sépulcre, et Jésus levant les yeux au ciel, dit ces paroles : Mon Dieu, je vous rends grâce de ce que vous m'avez exaucé. Puis il s'écria à haute voix : Lazare, sortez dehors. Le mort sortit aussitôt ayant les pieds et les mains liés de bandes, et le visage enveloppé d'un linge. Jésus le fit délier, et plusieurs Juifs qui étaient venus voir les deux sœurs crurent en lui.

M.

MULTIPLICATION DES PAINS.

Jesus-Christ étant allé dans le désert avec ses disciples, il fut suivi par une grande quantité de personnes qui étaient si attentives à ses paroles et à ses miracles, qu'ils perdirent même toute la pensée du boire et du manger. Cependant le jour étant fort avancé, les Apôtres prièrent Jésus de renvoyer le peuple, parce qu'ils étaient dans un endroit où ils ne pourraient pas trouver de nourriture. Jésus leva donc les yeux sur ce peuple, et voyant cette grande multitude, il dit à Philippe : Où pourrons-nous acheter assez de pain pour donner à manger à tout ce monde ? Il disait cela pour l'éprouver, car il savait bien ce qu'il devait faire. Philippe lui répondit que quand on aurait

Multiplication des Pains	Nativité
Oraison Dominicale	Présentation
Quatre Evangelistes	Resurrection

pour deux cents deniers (c'est-à-dire plus
de quatre-vingts francs) , cela ne suffi-
rait pas , afin que chacun en eût tant soit
peu. Il demanda combien ils avaient de
pains, et André, frère de Pierre, lui dit
qu'il y avait là un jeune homme qui avait
cinq pains d'orge et deux poissons. Mais
qu'est-ce que cela , ajouta-t-il , pour tant
de gens ? Jésus se les fit apporter, et com-
manda à ses Apôtres de faire asseoir tout
le monde, et il se trouva environ cinq
mille hommes , sans compter les femmes
et les petits enfans. Quand ils furent
tous rangés, Jésus prit les cinq pains et
les deux poissons ; et levant les yeux au
ciel, et rendant grâces à Dieu , il les bénit, puis les rompit , et les fit distribuer
au peuple par ses disciples, et fit partager
de même les deux poissons. Lorsque tous
eurent mangé et furent rassasiés, Jésus
ordonna de ramasser les morceaux qui
étaient restés, et on en remplit douze
paniers.

N.

NATIVITÉ.

ENVIRON quatre mille ans après la création du monde, Dieu voulut exécuter la résolution qu'il avait prise d'ouvrir à l'homme les portes du ciel. Pour cela il envoya un Ange à une vierge de la ville de Nazareth, nommée Marie, qui avait épousé Joseph. Cet Ange lui annonça qu'elle aurait un enfant auquel elle donnerait le nom de Jésus, et que cet enfant serait le fils du Très-Haut, et le Sauveur des hommes. Joseph et Marie étant allés en Bethléem pour y faire enregistrer leur nom, suivant les ordres de l'empereur Auguste, leur pauvreté les obligea de se retirer dans une étable ouverte à toutes les injures de l'air. Là, sur le minuit, la sainte Vierge mit au monde son divin fils; elle l'enve-

loppa de langes et le coucha sur une poi-
gnée de paille. Une lumière éclatante en-
vironna cette étable ; les Anges s'y rendi-
rent visibles, et au milieu de leurs concerts
firent entendre ces paroles : *Gloire soit à
Dieu, au plus haut des cieux, et paix aux
hommes de bonne volonté.* Des bergers,
avertis par les Anges, vinrent de Bethléem, et trouvèrent toutes choses ainsi
qu'elles leur avaient été annoncées. Ils
adorèrent le divin enfant, et s'en retournèrent ensuite à leurs occupations, pleins
de reconnaissance envers Dieu.

O.

ORAISON DOMINICALE.

L'ORAISON Dominicale est une prière
que l'on adresse à Dieu. On l'appelle
aussi *Pater*, parce qu'en latin elle com-

3

mence par ce mot. Le voici : « Notre Père
qui êtes aux cieux : que votre nom soit
sanctifié, que votre règne arrive : que
votre volonté soit faite en la terre comme
au ciel : Donnez-nous aujourd'hui notre
pain quotidien, et nous pardonnez nos
offenses, comme nous les pardonnons à
ceux qui nous ont offensé, et ne nous
laissez point succomber à la tentation,
mais délivrez-nous de tout mal. Ainsi
soit-il.

P.

LA PRÉSENTATION AU TEMPLE.

QUARANTE jours s'étant écoulés depuis
la naissance de Jésus-Christ, la sainte
Vierge alla avec saint Joseph à Jérusalem,
offrir, pour sa purification, le sacrifice
prescrit par la loi. Ils portèrent Jésus-
Christ avec eux pour le présenter à Dieu.

Pendant qu'ils étaient au Temple, un saint vieillard nommé Siméon, y vint par le mouvement du Saint-Esprit. C'était un homme juste et craignant Dieu, qui soupirait sans cesse après le Rédempteur par qui Dieu avait promis de consoler son peuple. L'esprit de Dieu qui lui avait inspiré le désir et l'attente du Sauveur, lui avait promis qu'il ne mourrait point sans l'avoir vu. C'est pourquoi, lorsque la sainte Vierge apporta l'enfant au Temple, ce saint vieillard y entra, prit l'enfant entre ses bras, bénit Dieu, qui accomplissait ce qu'il lui avait promis, puisque ses yeux avaient vu le Sauveur. Il survint au même instant une sainte veuve nommée Anne, qui avait le don de prophétie. Elle vit J.-C., et le connut par la même lumière qui l'avait fait connaître à Siméon; elle loua Dieu de la grâce qu'il faisait au monde en lui donnant un Sauveur; et elle parla de ce Sauveur à tous ceux qui attendaient son avènement.

Q.

LES QUATRE ÉVANGÉLISTES.

Les Évangélistes sont quatre Apôtres que Dieu a choisis pour écrire l'Évangile et l'Histoire de Jésus-Christ. *Saint Mathieu* est le premier, car il écrivait son Évangile six ans après la mort du Sauveur. Quatre ans plus tard, *saint Marc* écrivit le sien. *Saint Luc*, le troisième Évangéliste, donna son Évangile vingt-six ans après l'ascension du Sauveur. Enfin l'Évangéliste *saint Jean* écrivit son Évangile soixante-cinq ans après la Passion de Notre Seigneur.

On ne saurait avoir trop de respect et d'amour pour les Évangiles, qui sont entièrement la parole de Dieu.

R.

RÉSURRECTION DE JÉSUS-CHRIST.

Dès le lendemain du sabbat, le premier jour de la semaine, que nous nommons le dimanche, Marie Madeleine et les autres femmes qui avaient préparé des parfums le vendredi au soir, partirent de grand matin pour aller embaumer le corps de Jésus, et arrivèrent à son sépulcre au lever du soleil. Elles s'entre-demandaient qui ôterait la grosse pierre dont elles avaient vu boucher l'entrée du sépulcre, lorsqu'elles furent bien étonnées de voir qu'un Ange, dont le visage était brillant comme un éclair, et les vêtemens blancs comme la neige, était descendu du ciel, avait renversé la pierre, et s'était assis dessus. La présence de cet Ange et le tremblement de terre qui eut.

lieu à son apparition, avaient tellement ef-
frayé les soldats qui gardaient le sépulcre,
qu'ils devinrent comme morts. Ainsi,
quand les femmes arrivèrent au tombeau, elles ne virent ni pierre ni gardes
qui les empêchassent d'y entrer. Elles
furent encore plus surprises de n'y pas
trouver le corps de Jésus. Marie Madeleine courut chercher les Apôtres, et
ayant trouvé Pierre et Jean, elle leur
dit : Ils ont enlevé le corps de Jésus, et
nous ignorons où ils l'ont mis. Ces deux
disciples vinrent aussitôt au tombeau,
et virent les linceuls et le suaire qu'on
avait mis sur la tête de Jésus; alors ils
crurent que le corps avait été enlevé,
comme Marie Madeleine le leur avait dit,
car ils ne se souvenaient plus de ce que
Jésus leur avait dit tant de fois, qu'il
fallait qu'il ressuscitât d'entre les morts.

Samaritaine   Transfiguration

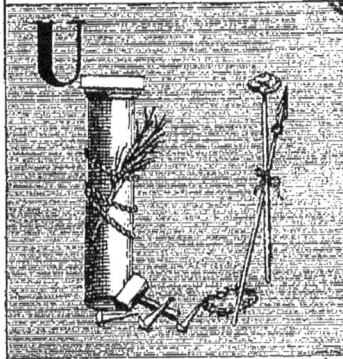

U   Visitation

X   Yeux rendus à la lumière   Zachée

S.

LA SAMARITAINE.

JÉSUS-CHRIST, passant par le pays de
Samarie, arriva sur l'heure de midi au-
près d'une ville de cette province, nommée Sichar, et comme il était fatigué,
il s'assit sur le bord d'un puits qu'on
appelait la *Fontaine de Jacob*. Une femme
du pays vint chercher de l'eau à ce puits,
et Jésus lui dit : Donnez-moi à boire.
Cette femme, qui le reconnut pour juif,
s'étonna de ce qu'il voulait bien recevoir
d'une Samaritaine le service qu'il lui de-
mandait ; car les juifs avaient en horreur
les Samaritains, comme des personnes
étrangères qui possédaient une partie de
leur pays, et qui avaient altéré la loi de
Moïse par plusieurs superstitions païen-
nes qu'ils y avaient mêlées.

S'étant entretenu quelque temps avec
cette Samaritaine, Jésus-Christ lui fit
connaître qu'il était lui-même le Messie
qu'on attendait.

En même temps ses disciples, qui
étaient allés à la ville pour acheter à
manger, arrivèrent, et furent bien éton-
nés de le voir en conversation avec une
femme; mais le respect qu'ils avaient
pour lui les empêcha de lui faire aucune
question. Elle, cependant, laissa là sa
cruche, s'en retourna à la ville, et dit
aux habitans qu'elle avait vu le Christ.
Elle revint avec eux le prier de demeurer
dans Sichar. Il y passa deux jours, pendant lesquels il fortifia leur foi et leur fit
croire en son nom.

T.

LA TRANSFIGURATION.

JÉSUS-CHRIST ayant dit à ses disciples qu'il y en avait parmi ceux qui l'écoutaient qui ne mourraient point qu'ils ne l'eussent vu dans son règne et dans sa gloire, il accomplit cette promesse huit jours après ; car il prit en particulier Pierre, Jacques et Jean, et les mena avec lui sur une haute montagne, où il se mit en prières. Pendant qu'il priait, son visage devint brillant comme le soleil ; ses vêtemens, tout éclatans de lumière, parurent plus blancs que la neige ; et les trois Apôtres le virent transfiguré, c'est-à-dire, tout autre qu'ils ne l'avaient encore vu jusqu'alors ; et ils aperçurent avec lui deux hommes pleins de majesté qui

3.

lui parlaient de la mort qu'il devait souffrir à Jérusalem. Ils connurent que ces deux hommes étaient Moïse et Élie ; et lorsqu'ils se séparèrent de Jésus, Pierre pour les arrêter dit à son maître : Seigneur, nous sommes bien ici ; faisons-y, s'il vous plaît, trois tentes, une pour vous, une pour Moïse et une pour Élie. Mais comme il parlait encore, une nuée lumineuse couvrit ceux qu'il voulait retenir, et il sortit de cette nuée une voix qui fit entendre ces paroles : C'est mon fils bien-aimé dans lequel j'ai mis mon affection ; écoutez-le. La nuée et la voix avaient rempli ces trois disciples d'une telle frayeur qu'ils tombèrent le visage contre terre. Jésus s'approcha d'eux, les rassura et les fit lever ; alors levant les yeux et regardant de tous côtés, ils ne virent plus que lui.

V.

VISITATION.

La Sainte Vierge, après avoir conçu
Jésus-Christ, entreprit un voyage assez
pénible pour aller visiter sa cousine, dont
l'Ange venait de lui apprendre la grossesse. Sainte Élisabeth fut remplie du
Saint-Esprit aussitôt qu'elle entendit la
voix de Marie, et elle s'écria : Vous êtes
bénie entre toutes les femmes, et le fruit
de vos entrailles est béni. Et d'où vient
ce bonheur, que la mère de mon Seigneur
vienne vers moi? Mais Marie, qui ne s'é-
tait pas enorgueillie de ce que l'ange lui
avait dit, ne s'éleva pas non plus de ce
que lui dit Élisabeth. Elle ne put mé-
connaître les grâces que Dieu lui avait
faites, et elle lui en rapporta toute la

gloire, disant que Dieu se plaît quelque-
fois à faire de grandes choses par les plus
petites créatures. Elle demeura trois mois
avec sa cousine, pendant lequel temps elle
donna lieu aux opérations de Jésus-Christ
dans saint Jean, et elle s'en retourna ensuite dans sa maison.

Y.

YEUX RENDUS A LA LUMIÈRE.

JÉSUS-CHRIST vit en passant un homme
qui était aveugle dès sa naissance. Il
cracha à terre, et ayant fait de la boue
avec sa salive, il en frotta les yeux de
l'aveugle, et l'envoya se laver dans la
piscine de Siloé, et dès qu'il fut lavé il
vit clair. Tous ceux qui l'avaient vu aveugle
et demandant l'aumône, ne pouvaient
croire à ce qu'ils voyaient; et ils dou-

taient si c'était lui-même ou un autre qui
lui ressemblait. Mais il leur disait à tous :
C'est moi, et leur racontait comment un
homme appelé Jésus lui avait rendu la
vue. Ils le menèrent aux Pharisiens, qui
l'interrogèrent aussi eux-mêmes. Ce mi-
racle les confondait étrangement; cependant, ils lui dirent : Rends gloire à Dieu,
nous savons que Jésus est un méchant et
un pécheur. Il leur répondit : Je ne sais
s'il est méchant; mais je sais seulement
que j'étais aveugle et qu'à présent je vois
clair. Ils s'emportèrent alors contre lui et
le chassèrent.

Jésus ayant appris qu'on l'avait chassé,
se mit sur son passage et lui dit : Croyez-
vous au fils de Dieu? Il lui répondit : Qui
est-il, Seigneur, afin que je croie en lui?
Vous l'avez vu, dit Jésus, et c'est lui qui
vous parle. L'aveugle se prosterna à ses
pieds et l'adora.

Z.

ZACHÉE.

JÉSUS-CHRIST sentant que le temps de sa mort était proche, résolut de s'en retourner à Jérusalem. Comme il s'approchait de Jéricho, un homme de cette ville, nommé Zachée, chef de publicains et fort riche, entendit que Jésus-Christ venait. Il avait un grand désir de voir Jésus; mais comme la foule l'en empêchait, parce qu'il était petit, il courut devant, et monta sur un sycomore en un lieu par où Jésus devait passer. Jésus étant arrivé à cet endroit leva les yeux, vit Zachée, et lui dit : Zachée, hâtez-vous de descendre, car c'est chez vous que je veux loger aujourd'hui. Zachée descendit aussitôt, et le reçut avec joie, pendant que

d'autres disaient en murmurant : Il est
allé loger chez un homme de mauvaise vic.
Jésus fit bien voir par le changement mi-
raculeux qu'il opéra dans le cœur de ce
publicain, qu'il était entré comme un mé-
decin dans la maison d'un malade pour
le guérir ; car Zachée se présentant à lui,
lui dit : Seigneur, je m'en vais donner la
moitié de mon bien aux pauvres , et si
j'ai fait tort à quelqu'un en quoi que ce
soit, je lui en rendrai quatre fois autant.
Et Jésus lui répondit : Cette maison-là a
reçu aujourd'hui le salut ; et il assura que
Zachée , qui avait été regardé jusqu'alors
par les Juifs comme un étranger et un
païen, était devenu par la foi un des en-
fans d'Abraham aussi bien qu'eux.

NAISSANCE DE JÉSUS-CHRIST,

L'an du monde 4000 avant l'ère commune, 5 de la naissance de J.-J. (Luc, 2.)

La Sainte Vierge étant retournée chez elle de la maison de sa cousine sainte Elisabeth, apprit bientôt que les grandes grâces que Dieu fait ici aux Saints, sont souvent jointes à de grandes afflictions. Car sa grossesse commençant à paraître, saint Joseph fut forcé en quelque sorte, contre tant de témoignages qu'il avait de la pureté de Marie, d'attribuer à l'ouvrage du péché ce qui n'était que l'ouvrage du Saint-Esprit. La Sainte Vierge, qui ne pouvait ignorer ce qui se passait, demeura ferme néanmoins dans son silence, et fit voir dès-lors combien il est important de garder le secret dans les ouvrages de Dieu. Elle aima mieux passer dans l'esprit de son mari pour une femme adultère, que de manquer en ce point de fidélité à Dieu, à qui elle abandonna le soin de sa réputation et de sa vie. Mais saint Joseph, qui était juste, ne voulut pas rendre publique la faute qu'il soupçonnait en sa femme, et donna un grand exemple aux hommes, de tenir cachés les défauts de ceux à qui nous devons du respect et de l'amitié. Il résolut seulement de la quitter, pour témoigner au moins en cette manière qu'il ne consentait pas au mal qu'il appréhendait dans une personne qui lui était aussi chère. Mais lorsqu'il était prêt de le faire, Dieu l'arrêta, et l'avertit dans la nuit, par un Ange, qu'il ne craignît point de prendre avec lui sa femme. Il lui découvrit le secret de cet enfant divin, et lui ordonna de lui donner à sa naissance le nom de Jésus. Saint Joseph, fortifié par les paroles de l'Ange, apprit combien l'homme devait être réservé dans ses jugemens, et combien il était obligé de juger toujours favorablement des personnes de piété,

malgré toutes les apparences qui leur se-
raient peu favorables. Il crut ce que l'Ange
lui avait dit, et il mérita d'être appelé le
père de J.-C., en imitant cette grande foi
par laquelle la Sainte Vierge était devenue
sa mère. Lorsque le temps de l'accouche-
ment fut proche, Dieu pour tirer la
Sainte Vierge de Nazareth, qui était le
lieu de sa demeure ordinaire, et la faire
venir en Béthléem, où les prophètes
avaient prédit que le Messie devait naître,
permit que l'édit de l'empereur Auguste
qui voulait satisfaire sa vanité ou son ava-
rice dans le dénombrement des familles
de son empire, remuât en quelque sorte
tout le monde, pour faire venir la Sainte
Vierge à Bethléem avec son mari, qui
était de cette ville et de la famille de David.
Elle ne considéra point les incommodités
d'un si long voyage, dans un temps fâ-
cheux et dans une grossesse si avancée.
Mais obéissant à cet ordre de l'empereur,
avec le même respect que si un Ange ou

Dieu même lui eût commandé ce voyage,
elle apprit aux hommes qu'ils ne sont que
ses instrumens sous lesquels il se cache.
Lorsqu'ils furent arrivés à Bethléem, tout
le monde refusa de les loger, parce que
les hôtelleries étaient pleines. Et ce fut
ainsi que Jésus-Christ, voulant comme
se hâter de nous donner, dès sa naissance,
un exemple d'humilité en souffrant les rebuts des hommes, ne dédaigne pas de
naître dans une étable, pour nous apprendre à mépriser toute la magnificence du
monde, par l'aversion qu'il en a eu lui-
même. C'est la disposition qu'il inspira à
la Sainte Vierge, qui reçut les rebuts de
ceux de Bethléem, comme elle avait reçu
les ordres d'Auguste, et qui n'eut dans les
uns et dans les autres, que la vue de Dieu,
à qui elle obéissait dans la personne d'un
hôtelier, comme elle avait fait dans celle
d'un empereur. Elle demeura très-satis-
faite d'accoucher de Jésus-Christ dans
une étable. Elle comprit qu'il fallait que

cette pauvreté le cachât aux hommes et aux démons, et que la dureté de ce peuple de Bethléem était nécessaire aux desseins de Dieu.

Les SS. Pères nous enseignent qu'il n'y a rien de si instructif que cet anéantissement du fils de Dieu, et que toute la beauté des créatures ne doit pas tant nous porter à l'adorer que ce divin rabaissement. Nous devons apprendre principalement de cette enfance de Jésus-Christ, que nous n'avons pas moins besoin à tout moment du secours de Dieu, qu'un enfant nouvellement né a besoin du secours des hommes.

PASTEURS A LA CRÈCHE. (LUC, 2.)

JÉSUS-CHRIST ayant sanctifié le monde
par sa naissance, fit voir par le choix des
premières personnes à qui il voulut le
faire savoir, qu'il cachait dès-lors ses mys-
tères aux grands et aux sages, et qu'il ne
les révélait qu'aux petits. Dans la nuit
même où la Sainte Vierge l'enfanta, il y
avait assez près de là des pasteurs qui,
veillant à la garde de leurs troupeaux,
marquaient, selon saint Grégoire, le devoir des vrais pasteurs de l'Eglise, et ce
que produirait un jour dans ces personnes
l'exemple de Jésus-Christ, le vrai pasteur.
Ce fut à ces personnes qu'un Ange apparut
tout d'un coup, environné d'une grande
clarté, qui marquait cette grande lumière
divine qui venait de naître au monde; il
leur dit qu'il leur annonçait une nouvelle
qui comblerait de joie tout le peuple; et
leur déclara que le Messie, attendu depuis tant de temps, venait de naître. Pour

leur donner des marques certaines de la
vérité qu'il leur disait, il les envoya à
Bethléem, que les prophètes avaient prédit devoir être le lieu de la naissance du
Sauveur; et cet esprit humble ne rougis-
sant point de l'humilité de son maître et
de son Dieu, dit hardiment à ces hommes
grossiers et charnels, qu'ils trouveraient
dans une crèche un enfant enveloppé de
langes et de bandelettes ; que c'était là
celui qu'il leur annonçait, et qui était l'attente d'Israël. Lorsque l'Ange eut cessé
de parler, il se joignit à lui une troupe
innombrable d'Anges, qui par leurs can-
tiques rendaient gloire à Dieu, et annon-
çaient la paix aux hommes. Ces pasteurs,
dissipant peu à peu la crainte dont ils
avaient été frappés à la vue et aux paroles
de l'Ange, résolurent de passer jusqu'en
Bethléem, pour y voir cette merveille que
Dieu y venait de faire, et se hâtant dans
ce voyage, pour apprendre par leur promp-
titude qu'on ne doit point chercher Jé-

sus-Christ avec froideur, ils trouvèrent
Marie et Joseph, et l'enfant enveloppé de
drapeaux, dans une crèche, selon la parole de l'Ange. Cette bassesse extérieure
ne les surprit point, et il est marqué au
contraire qu'ils furent remplis eux-mêmes
d'admiration; et qu'ils en remplirent tous
ceux à qui ils dirent ce qu'ils avaient entendu de l'Ange. La Sainte Vierge, dans
cette humilité profonde que Jésus-Christ,
même humilié de la sorte devant ses yeux,
lui faisait aimer encore davantage, ne
s'attendait point à toutes ces merveilles,
et se contentait de l'état de bassesse où
l'ordre de Dieu l'avait réduite. Elle reçut
cette consolation qu'il lui envoyait avec
la même soumission qu'elle avait reçu les
rebuts de Bethléem; et écoutant très-
attentivement tout ce que les pasteurs
lui disaient, elle ne dédaigna pas d'apprendre d'eux ce qu'elle ne savait pas; et
fit en cela rougir les esprits superbes qui
dédaignent souvent d'apprendre des mi-

nistres de Dieu ce qu'ils ignorent. Elle
nous apprend aussi, par le soin qui est
marqué qu'elle eut, de conserver toutes
les paroles de Dieu comme une chose in-
finiment précieuse ; mais particulière-
ment les Vierges chrétiennes doivent apprendre ici , qu'après avoir renoncé à
tout le monde pour Jésus-Christ , elles
doivent faire leur trésor de sa parole, et
s'en remplir le cœur avec une solidité qui
ait du rapport à celle de la Sainte Vierge.
C'est principalement par ce saint exercice
qu'elles imitent sur la terre la vie des
Anges , et qu'elles approchent de plus
près la vie intérieure de ce qu'elles doivent honorer comme le modèle de toutes
les Vierges.

FIN.